휴대폰으로 본문 안에 있는 QR 코드를 찍으면 소리를 들을 수 있어!

외계인 캬캬의 지구 소리 보고서

예영 글 | 남동완 그림

작가의 말

여러분, 지금 어떤 소리가 들리나요?
잠시 하던 일을 멈추고 주변에서 들리는 소리에 귀를 기울여 보세요.
도로를 달리는 자동차 소리, 새가 지저귀는 소리, 바람이 유리창을 두드리는 소리,
놀이터에서 재잘거리는 아이들의 말소리, 강아지가 컹컹대는 소리,
변기 물 내리는 소리, 엄마의 잔소리 등 생각지도 못한 다양한 소리가 들릴 거예요.
이렇게 우리는 항상 소리를 듣고 살지요. 심지어 여러분이 잠든 순간에도
귀는 깨어 있어서 소리를 들을 수 있어요.

우리는 어떻게 소리를 들을 수 있을까요? 목소리는 어떻게 나는 걸까요?
물속이나 우주에서도 소리를 들을 수 있을까요?
또 소리의 세기나 높낮이는 어떻게 다를까요?
소리에 관한 다양한 질문과 답이 외계인 캬캬가 쓴 지구 소리 보고서에 담겨 있어요.
머나먼 무쓰무쑤 행성에서 K-pop을 찾아 지구로 온 유쾌한 외계인 캬캬는
소리 실험반 동아리에 들어가면서 지구 소리에 대해 알게 되거든요.
쌍둥이 친구 은찬이, 강찬이와 함께 다양한 실험도 해 보고 정보도 찾아보면서
알게 된 지구의 소리는 신기하고 재미나지요.

과연 외계인 캬캬는 무쓰무쑤 행성 친구들에게 지구의 소리에 대해 무엇을
알려 줄까요? 끝까지 외계인이라는 사실을 들키지 않고 은찬이, 강찬이와
K-pop 공연을 볼 수 있을까요?
두근두근 기대되는 소리 탐구 여행을 같이 떠나 봐요. 자, 출발!

등장인물

캬캬
K-pop을 찾아 무쓰무쓰 행성에서 온 호기심 많은 외계인. 은찬이, 강찬이와 지내면서 지구의 소리에 대해 알게 된다.

은찬
과학 실험을 좋아하는 소리 실험반 동아리 회장. 캬캬를 외계인이라고 계속 의심한다.

강찬
은찬이와 쌍둥이 남매. 거짓말 못하는 솔직한 성격으로 과학을 좋아한다.

차례

무쓰무쓰 행성에 도착한 K-pop ········· 8

1 특이한 전학생 캬캬 ········· 14
외계인 캬캬의 지구 소리 보고서 1 소리 내기 ········· 22

2 캬캬의 초능력? ········· 30
외계인 캬캬의 지구 소리 보고서 2 귀를 통한 소리 전달 ········· 38

3 놓쳐 버린 행운 ········· 44
외계인 캬캬의 지구 소리 보고서 3 소리의 세기와 높낮이 ········· 52

4 너무 달콤한 오케스트라 연주회 · · · · · · · · 62
외계인 카카의 지구 소리 보고서 4 악기 소리 · · · · · · · · 70

5 경복궁에 간 카카 · · · · · · · · 78
외계인 카카의 지구 소리 보고서 5 소리의 반사 · · · · · · · · 86

6 층간 소음은 그만! · · · · · · · · 92
외계인 카카의 지구 소리 보고서 6 소리의 전달 · · · · · · · · 100

다시 무쓰무쑤 행성으로 · · · · · · · · 108

무쓰무쑤 행성에 도착한 K-pop

드넓은 우주에 흩어져 있는 수많은 행성.

그 많고 많은 행성 가운데 우연히 지구와 아주 비슷한 행성이 하나 있어. 바로 무쓰무쑤 행성!

사계절이 뚜렷하고 산과 바다가 있고 동물과 식물이 자라는 무쓰무쑤 행성에는 지능이 높은 행성인이 문명을 이루며 살고 있었어.

무쓰무쑤 행성인들은 아주 오래전부터 우주 어딘가에 자신들과 같은 지적 생명체가 있을지도 모른다고 생각했어.

무쓰무쑤 행성 과학자들은 다른 행성에 사는 생명체를 찾아 나섰지만 찾지 못했어. 그래서 가끔 유에프오(UFO)라고 불리는 미확인 비행 물체가 나타나면 외계 생명체가 아니냐며 흥분했지.

하지만 대부분 영상 조작이거나 다른 물체라는 게 밝혀지면서 외계 생명체는 없다고 결론을 내리는 분위기였어.

그러던 어느 늦은 밤. 창가에서 심혈을 기울여 코딱지를 파던 무쓰무쑤인 캬캬는 이상한 장면을 보았어. 형체를 정확히 파악할 수 없는 어떤 물체가 활활 불타며 추락하고 있었던 거야.

캬캬는 당장 낯선 물체가 떨어진 곳으로 달려갔어. 그곳에는 추락의 충격으로 부서진 비행 물체가 있었어.

캬캬는 살짝 겁이 났지만 호기심을 참지 못하고 부서진 비행 물체를 이리저리 구경했어. 그러다가 비행 물체에 달린 기계 장치를 꾹 눌러 봤는데, 갑자기 모니터가 켜지며 화려한 영상과 함께 노래가 흘러나오는 게 아니겠어?

캬캬는 홀린 듯 노래에 빠져들었어. 무쓰무쑤 행성에서는 전혀 들어 보지 못한 노래였거든. 노랫말을 알아들을 순 없었지만 기계에서 흘러나오는 노래는 힘이 넘치면서 부드럽고, 날카로우면서 포근하며, 즐거우면서 뭉클했어. 무쓰무쑤 행성의 단조로운 노래만 알던 캬캬에게는 신선한 충격이었지.

저절로 머리가 까딱까딱, 어깨가 들썩들썩, 팔다리가 흐물흐물 움직이며 노래를 따라 부르고 싶었어.

캬캬는 넋이 나간 듯 몇 번이고 영상을 보고 또 보다가 외쳤어.
"아, 다른 노래도 들어 보고 싶다."
그리고 결심했어!

1
특이한 전학생 캬캬

산들 초등학교 은찬이네 교실은 아침부터 시끌벅적했어. 새로 온 전학생 때문이었지. 생김새가 아주아주 독특한 친구였거든. 큰 머리와 뾰족한 귀 때문에 눈에 확 띄었지.

그런데 더 특이한 건 전학생의 자기소개였어. 진지한 얼굴로 말하는데 도무지 곧이곧대로 받아들일 수 없었지.

전학생 캬캬는 아이들의 의심 가득한 질문에 어깨를 으쓱했어. 마치 평소에 그런 말을 꽤 자주 들어 봤다는 듯이 말이야.

캬캬는 외계인인 듯 아닌 듯 아리송하게 대답하고는 묻지도 않은 자기소개를 계속 늘어놨어.

"난 호기심이 많아서 궁금한 건 절대 못 참아. 특기는 어디서나 완벽 적응하기! 취미는 여기저기 돌아다니기! 가장 좋아하는 것은 K-pop 듣기! 이만하면 나에 대해 파악이 되려나? 앞으로 잘 지내보자."

"그, 그래. 반가워."

"친하게 지내자. 좀 어려울지도 모르겠지만……."

아이들은 얼떨떨한 얼굴로 환영의 박수를 쳤어.

그때 캬캬가 뭔가를 깜빡했다는 듯 다급히 말했어.

"아차, 좋아하는 게 한 가지 더 있어."

"뭔데?"

그러자 캬캬가 한 글자 한 글자 힘을 주어 말했어.

"과학 실험!"

캬캬가 이어서 말했어.

"혹시 이 학교에 과학 실험하는 동아리 없니? 있으면 꼭 가입하고 싶은데……."

그 순간 아이들이 은찬이를 바라봤어. 다들 '어떻게 이런 일이 있을 수 있지?' 하는 표정으로 말이야.

은찬이도 놀란 표정으로 캬캬를 바라봤어.

은찬이와 반 아이들의 놀란 얼굴을 보며 캬캬가 씩 미소 지었어. 사실 이 학교에 온 건 다 캬캬의 계획이었어.

캬캬는 어제 저녁에 초고속 우주 비행선을 타고 지구의 어느 공원에 도착했어. 무쓰무쓰 행성의 특수한 기술로 비행선을 투명하게 감추고 지구 언어 자동 번역기를 머리에 쓰자 마침 그곳을 지나가던 아이들의 대화 소리가 들렸어. 그 흥미로운 대화 내용이 캬캬에게 아주 중요한 정보를 줬지.

어제 저녁에 있었던 일을 알 리 없는 은찬이는 흥분된 표정으로 캬캬에게 말했어.

"산들 초등학교의 최고 인기 동아리 '소리 실험반'에 초대할게. 소리에 관한 다양한 과학 실험을 하게 될 거야!"

"좋아!"

외계인 캬캬의
지구 소리 보고서 1 소리 내기

무쓰무쓰 행성에서 지구에 온 지 딱 16시간 20분 43초가 지났다. 산들 초등학교의 첫 외계인 전학생인 나는 가입한 지 3분 37초 만에 소리 실험반이 산들 초등학교에서 가장 인기 없는 동아리인 것을 파악했다. 소리 실험반 회원이라고는 은찬이와 강찬이 달랑 두 명뿐이었다. 심지어 강찬이는 은찬이와 이란성 쌍둥이라서 반강제로 가입한 것 같았다. 더 충격적인 건 각종 재활용품을 모아 놓은 소리 실험반의 실험실이었다.

소리 실험반의 신입 회원으로서 제일 궁금한 걸 먼저 물어봤다.

우리는 목소리가 어떻게 나는지 조사해 보았다.

지구인의 목에는 공기가 지나가는 길인 '기도'가 있고, 기도의 윗부분에 '후두'가 있다. 폐에서 나온 공기가 후두에 있는 성대를 통과할 때 떨리면서 목소리가 만들어지고, 이 목소리가 입술을 통해 바깥으로 나오는 것이다.

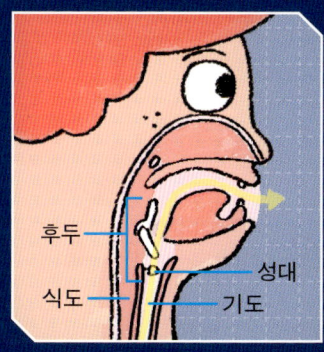 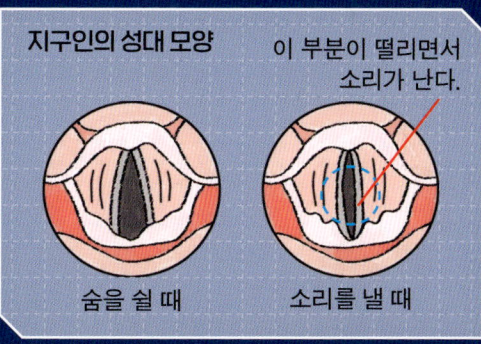

우리는 성대가 위치한 목 한가운데에 손을 대고 '소리를 낼 때'와 '소리를 내지 않을 때'가 어떻게 다른지 비교했다. 또 음악을 틀어 놓고 소리가 나오는 스피커에 손을 대 보기도 했다.

은찬이가 잡동사니 상자에서 소리굽쇠를 찾았다.

소리굽쇠 소리

| 실험 | 떨리면서 나는 소리를 주변에서 찾아볼까? |

종이 떨리면서 나는 종소리

모기가 날갯짓을 하면서 나는 모깃소리

종소리

모깃소리

북 가죽이 떨리면서 나는 북소리

손가락으로 튕기면 줄이 떨리면서 나는 우쿨렐레 소리

북소리

우쿨렐레 소리

소리가 날 때 물체가 떨린다는 것을 확인했다. 이렇게 소리는 물체의 '떨림'으로 발생한다. 이런 떨림을 '진동'이라고 한다.

이렇게 부르르 떨면 소리가 나는 건가?

아니. 네가 부르르 떨면 먼지가 나지.

 소리가 나는 물체의 떨림이 멈추면 소리가 나지 않는다는 것을 알 수 있었다.

소리의 모양

카카: 얘들아, 세상에는 존재하지만 눈으로 볼 수 없는 것들이 있어! 😆

강찬: 😒 무슨 이상한 소리야?

카카: 소리도 분명 귀로 들리는데 눈으로 볼 수 없잖아? 하지만 나는 소리를 봤지.

은찬: 🤔 소리를 봤다고?

카카: 응. 진짜야.

카카: 독일의 물리학자 에른스트 클라드니는 소리를 연구하던 중 소리를 볼 수 있는 방법을 발견했어.

은찬: 어떻게?

카카: 금속판을 수평으로 고정하고 금속판 위에 모래를 뿌린 후 바이올린 활로 금속판 가장자리를 문지르면 떨림이 발생해. 😉

← 소리의 모양

캬캬
그러면 진동이 심한 부분에 있는 모래가 진동이 약한 부분으로 모이면서 무늬가 만들어져.

캬캬
이 무늬를 '클라드니 도형'이라고 해.

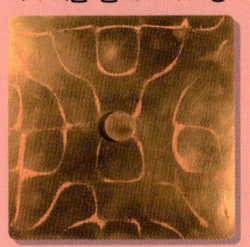

강찬
흥미로운데?

은찬
우아! 신기해! 소리의 모양은 다 같아?

캬캬
소리의 모양은 떨리는 횟수에 따라 결정된대. 많이 떨리면 모양이 복잡하고, 적게 떨리면 모양이 단순해. 소리의 모양이 소리마다 다른 거지. 어때? 이제 소리도 볼 수 있다는 걸 알겠지?

  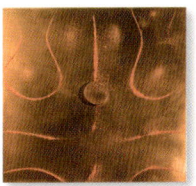

2 캬캬의 초능력?

"자, 오늘 아침 자습 시간에는 각자 읽고 싶은 책을 조용히 읽으세요. 선생님은 잠깐 교무실에 다녀올게요."

선생님은 '조용히'라는 단어를 힘주어 말씀하셨어. 그러나 언제나 그렇듯이 선생님이 나가신 지 채 3분도 지나지 않아 왁자지껄 소란해졌지. 다들 신이 난 얼굴로 옆 친구와 떠들거나 왔다 갔다 뛰어다니며 야단법석이었어.

그런데 은찬이만 아주 심각한 표정을 짓고 캬캬를 바라보고 있었어.

"캬캬가 정말 외계인 같지 않아?"

"무슨 엉뚱한 소리야. 대체 왜 캬캬가 외계인이라는 거야?"

"수상한 점이 한두 가지가 아니야. 학교를 신기해하고 수업이랑 숙제를 재미있어 하고 급식도 3인분이나 먹잖아."

은찬이는 외계인으로 의심될 만한 점을 손가락으로 하나하나 꼽았어.

"어때? 엄청 수상하지?"

은찬이는 자신 있게 말했지만 강찬이는 고개를 저었어.

"그건 수상한 게 아니라 바람직한 거지. 언제는 캬캬가 소리 실험반에 들어온다고 좋아하더니."

틀린 말 하나 없는 강찬이의 핀잔에 은찬이는 입을 꾹 다물었어. 하지만 은찬이는 K-pop을 좋아한다면서 아이돌 이름도 제대로 모르고, 과학 실험을 좋아한다면서 실험 도구를 사용할 줄 모르는 캬캬가 여전히 의심스러웠지.

아이들은 캬캬의 말을 믿지 않았어.

"교무실은 1층에 있어."

"맞아. 여긴 3층이거든?"

"풉, 초능력자도 아니고 1층 교무실 문이 열리는 소리를 어떻게 듣니?"

그러자 캬캬는 자신이 수십 킬로미터 떨어진 곳에서 나는 소리까지 들을 수 있다고 했어.

처음에 웃던 친구들도 캬캬가 진지한 표정으로 말하자 어느새 캬캬의 말에 귀를 기울였지. 몇몇 아이들은 재빨리 자리로 돌아가 앉았어. 그러나 한참이 지나도 선생님은 오시지 않았어. 참다 못한 은찬이가 캬캬에게 물었어.

"어떻게 된 거야?"

"교실이 너무 시끄러워서 장난 좀 쳤지."

은찬이와 아이들은 기가 막혔어.

"뭐라고? 먼 곳의 소리도 들을 수 있다며?"

"내가 그런 초능력이 어디 있냐?"

"쳇! 깜빡 속았네."

"은찬아, 이래도 캬캬를 외계인이라고 의심할 거야?"

은찬이도 더 할 말이 없어서 피식 웃고 말았어.

후유, 들킬 뻔했네.

캬캬가 사랑한 K-pop 아이돌 그룹의 역사

K-pop 아이돌 그룹의 역사가 한눈에 보이네.

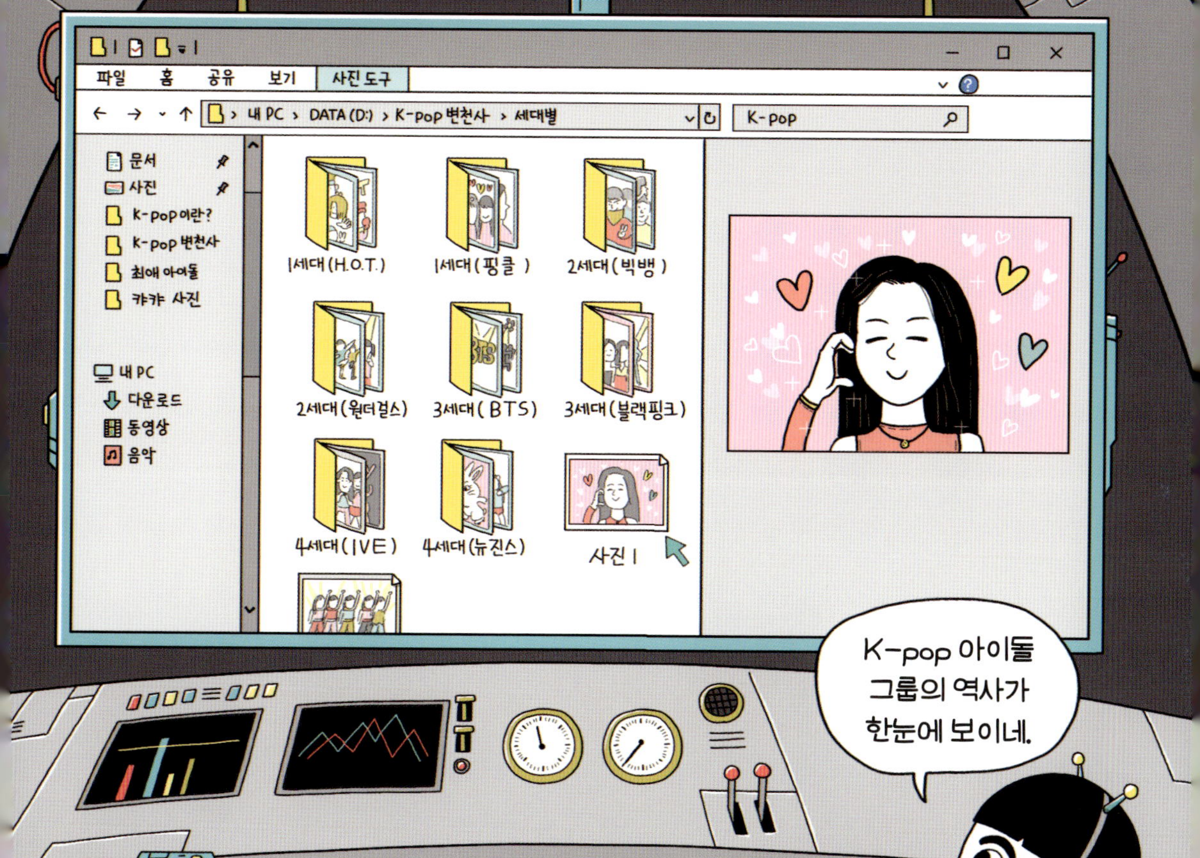

아이돌은 주로 청소년에게 인기 있는 가수를 말한다. 보통 1990년대 후반~2000년대 초반에 활동한 H.O.T., 젝스키스 등을 1세대, 2000년대 중반~2010년대 초반에 활동한 빅뱅, 원더걸스 등을 2세대, 2010년대 중반~2010년대 후반에 활동한 방탄소년단, 블랙핑크 등을 3세대, 2020년 이후에 활동한 아이브, 에스파, 뉴진스 등을 4세대로 구분한다. 세대가 거듭될수록 아이돌 그룹은 다양해지고 음악도 발전하고 있다.

외계인 캬캬의
지구 소리 보고서 2 귀를 통한 소리 전달

은찬이는 여전히 나를 외계인이라고 의심하고 있다. 들키지 않도록 조심해야겠다.

오늘은 소리 실험반에서 지구인의 귀를 통해 소리가 전달되는 과정을 알아보았다. 은찬이가 잡동사니 상자에서 귀 모형을 꺼내 보여 줬다. 지구인의 귓속은 생각보다 복잡했다. 크게 외이(귀의 바깥쪽), 중이(귀의 가운데), 내이(귀의 안쪽)로 나뉘고, 귓속의 기관들은 긴밀하게 연결되어 있다.

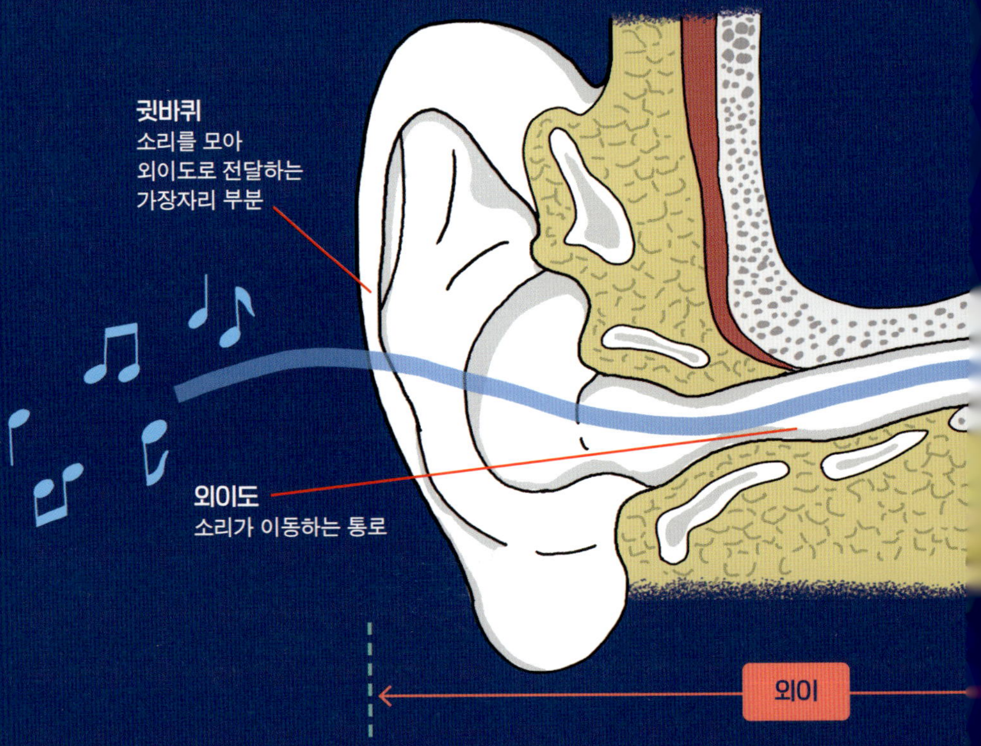

귓바퀴
소리를 모아 외이도로 전달하는 가장자리 부분

외이도
소리가 이동하는 통로

외이

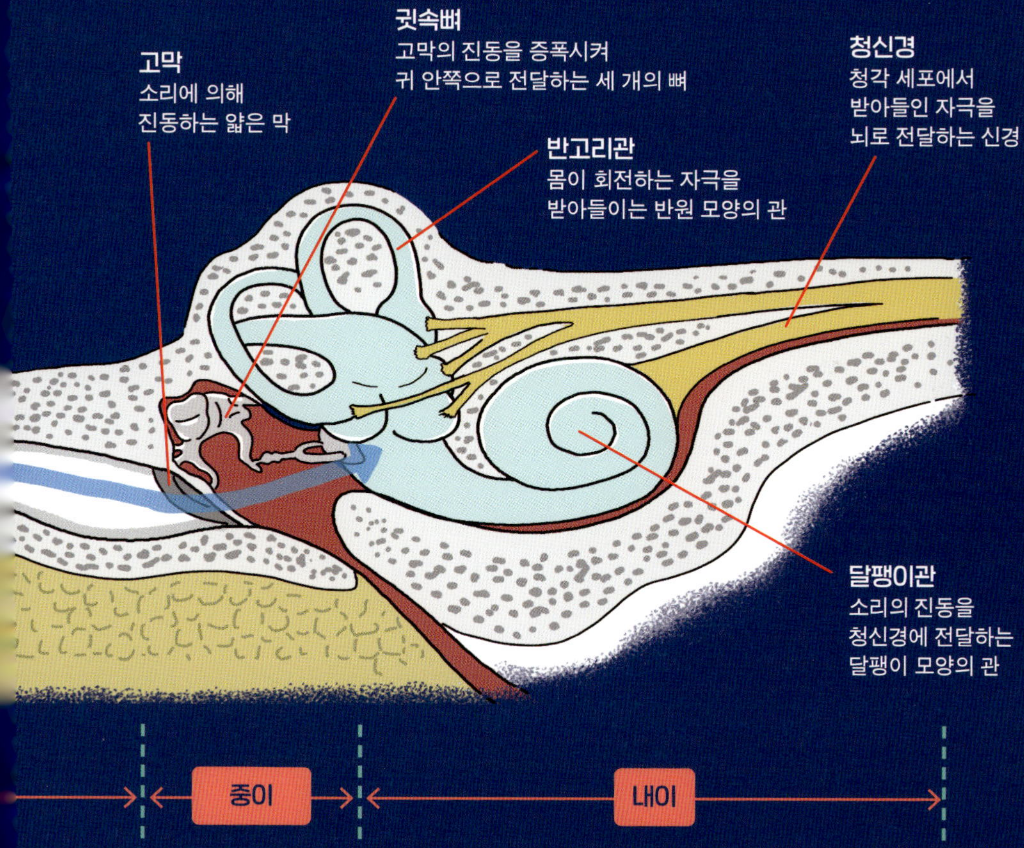

귀를 통해 소리가 전달되는 과정을 알고 나니, 왜 귀가 두 개인지 궁금했다.

지구인의 귀가 두 개인 이유는 소리의 방향을 감지하기 위해서이다. 왼쪽과 오른쪽 귀에서 들리는 소리는 방향에 따라 아주 미세한 시간 차이가 생긴다. 이 시간 차이를 인지해 지구인은 소리가 어느 방향에서 들리는지 알 수 있다.
또 한쪽 귀로 들을 때보다 양쪽 귀로 들을 때 소리를 더 크고 확실하게 들을 수 있다.

지구인의 귀는 참 신비한 기관이다.
강찬이에게 재미있는 속담을 배웠다. '한 귀로 듣고 한 귀로 흘린다.'
남이 하는 말을 귀담아듣지 않을 때 쓴다고 한다. 아주 마음에 든다.

← **동물의 귀**

카카: 은찬, 강찬! 과학 숙제했어? 😊

은찬: 아, 맞다! 깜빡! π.π 넌 했어?

강찬: 동물의 귀를 조사하는 거 맞지? 😆

카카: 응. 난 토끼의 귀를 조사했어. 토끼의 기다란 귀는 소리를 모아 줘서 멀리 있는 천적의 소리도 잘 들을 수 있대. 또 귀를 270도까지 움직일 수 있어서 3킬로미터 떨어진 곳에서 나는 작은 소리까지 들을 수 있지.

은찬: 토끼의 귀가 몸집에 비해 긴 이유가 있구나.

카카: 또 찾아본 동물 있어?

강찬: 😍 아프리카코끼리!

동물의 귀

강찬

아프리카코끼리는 귀의 너비가 1미터가 넘어. 커다란 귀로 무려 9킬로미터나 떨어진 곳의 소리도 들을 수 있대.

은찬
코끼리처럼 귀가 크면 소리를 잘 들을 수 있구나.

강찬
또 더우면 커다란 귀를 펄럭거려서 체온을 낮추고 적이 공격해 오면 귀를 활짝 펴서 적을 위협하기도 한대.

은찬
코끼리의 귀는 신통방통하네.

 **캬캬**
여치는 앞다리에 귀가 달려 있는 특이한 곤충이야. 양쪽 귀에 고막이 두 개나 있고, 귀 안에 소리를 증폭시키는 액체 주머니가 있대.

3
놓쳐 버린 행운

벌써 세 시간째 캬캬는 소리 실험반 교실에 있었어. K-pop 뮤직비디오를 보느라 시간 가는 줄 몰랐거든. 뮤직비디오를 보는 내내 캬캬는 같은 말을 반복했어.

캬캬가 살던 무쓰무쑤 행성에도 음악이 있지만 높낮이가 거의 없고 박자도 단조로웠어. 그래서 무쓰무쑤인들은 평소에 음악을 즐겨 듣지 않았지. 캬캬도 무쓰무쑤 행성에서는 아예 음악을 들을 생각조차 하지 않았어.

K-pop에 감동 받은 캬캬를 보고 강찬이가 놀라며 말했어.
"K-pop을 정말 사랑하는구나."
캬캬는 눈가에 맺힌 눈물을 훔치며 연신 고개를 끄덕였어.
"가수들이 춤추고 노래하는 모습을 직접 보면 너무 좋아서 심장이 터질지도 몰라."
그때 강찬이의 머릿속에 뭔가가 떠올랐어.

강찬이가 안내한 곳은 호수 공원 야외 무대였어. 이 공원에서는 매년 꽃 축제가 열리는데, 올해 축제 마지막 날 초청 가수가 아이돌 그룹 '걸스팝스'였어. 요즘 떠오르는 아이돌 그룹이 온다는 소식에 행사장 주변은 벌써 사람들로 북적거렸지.

캬캬는 너무 흥분해서 정말 심장이 터질 것 같았어.

캬캬, 강찬, 은찬이는 사람들 사이를 비집고 들어가 무대가 잘 보이는 곳에 운 좋게 자리를 잡았어. 이제 공연을 마음껏 즐길 일만 남았지. 강찬이가 말했어.

"캬캬야, 곧 걸스팝스 차례야."

그런데 방금 전까지 호들갑을 떨던 캬캬의 반응이 영 뜨뜻미지근했어.

"어, 어. 그, 그래……."

캬캬는 배를 움켜잡고 어쩔 줄 몰라 하면서 얼굴이 하얘졌지.

캬캬는 당장이라도 화장실에 가고 싶었지만 참았어. 드디어 꿈에 그리던 K-pop 공연을 볼 수 있는데, 겨우 배탈 때문에 포기한다고? 절대 그럴 수 없었지. 두 주먹을 불끈 쥐고 엉덩이에 힘을 꾹 줬어.

그때 사회자가 큰 소리로 말했어.

"자, 모두가 기다리던 순서입니다. 요즘 떠오르는 신예 그룹 걸스팝스! 박수로 환영해 주세요!"

사람들이 환호성을 지르며 박수를 쳤어. 하지만 캬캬는 손가락 하나 꼼짝할 수 없었어. 심장이 아닌 다른 곳이 금방이라도 터질 듯했지. 참느라 식은땀이 줄줄 흘렀어.

드디어 무대 위로 걸스팝스가 올라왔어. 그 순간!

"윽! 더는 못 참겠어!"

캬캬는 갑자기 벌떡 일어나더니 뛰쳐나갔어.

재미난다 과학 02 소리의 성질
외계인 캬캬의 지구 소리 보고서
글 예영 | 그림 남동완

재미난다 과학 용어 익히기

빈칸에 알맞은 말을 보기 에서 찾아 쓰세요.

보기   소음   반사   세기   높낮이   떨림   기체

1. 소리는 물체의 ☐☐ 으로 발생한다.

2. 소리의 ☐☐ 는 소리의 크고 작은 정도이다.

3. 소리의 ☐☐☐ 는 소리의 높고 낮은 정도이다.

4. 메아리는 소리가 나아가다가 물체에 부딪쳐 ☐☐ 되어 울린다.

5. 소리는 고체, 액체, ☐☐ 상태의 여러 가지 물질을 통해 전달된다.

6. 사람의 기분을 나쁘게 만드는 시끄러운 소리를 ☐☐ 이라고 한다.

외계인 캬캬의 지구 소리 보고서

재미난다! 과학 02 소리의 성질

 재미난다! 과학 **개념 익히기**

1. QR 코드를 찍어 소리를 들어 보고 빈칸에 공통으로 들어갈 단어를 쓰세요.

종의 ☐☐ 에 의해 소리가 남.

모기 날갯짓의 ☐☐ 에 의해 소리가 남.

2. 소리를 전달하는 물질을 보기 에서 찾아 빈칸에 쓰세요.

보기

액체

기체

고체

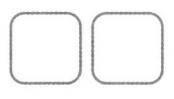

3. 소리를 이용한 예로 빈칸에 들어갈 단어를 보기 에서 골라 쓰세요.

보기   낮은   높은   높낮이

소리를 이용한 예

소리의 ☐☐☐를 이용한 예

소리를 이용한 예

4. 물체에 따라 반사되는 소리의 세기를 비교하는 실험입니다.
소리가 가장 크게 들리는 순서대로 번호를 쓰세요.

☐ — ☐ — ☐

과학 02 소리의 성질
외계인 캬캬의 지구 소리 보고서

재미난다 과학 **수행 평가 준비하기**

아래 그림을 보고 층간 소음을 줄이는 다양한 방법을 생각해 적어 보세요.

 《외계인 캬캬의 지구 소리 보고서》의 독후 활동지(워크시트)와 정답은 미래엔 아이세움 네이버 카페(https://cafe.naver.com/iseum)에서 다운로드 하실 수 있습니다.

책 속의 QR 코드로 소리를 들어 봐!

재미난다 과학 시리즈는
과학 교과의 핵심 개념을 초등부터 탄탄히!
스스로 탐구하며 배우는 즐거움을 알려 줍니다.

* 재미난다 과학 시리즈는 계속 출간됩니다.

캬캬가 사랑한 K-pop 공연

사랑해요! 걸스팝스!

K-pop 공연은 대형 무대 장치와 첨단 기술이 돋보이는 멋진 퍼포먼스로 유명하다. 또 대형 화면과 현란한 조명, 화려한 의상을 입은 가수들의 춤, 단순하고 경쾌한 리듬과 비트, 따라 부르기 쉬운 멜로디 등 관중들의 마음을 사로잡는 요소가 가득하다.

외계인 캬캬의 지구 소리 보고서 3 소리의 세기와 높낮이

으아아악! 너무 짜증나고 속상하다. 화장실에서 돌아왔을 땐 걸스팝스의 공연이 이미 끝난 후였다. 우리는 큰 스피커 가까이에 앉아 있었는데 갑자기 스피커에서 음악 소리가 크게 울리자 은찬이가 귀를 잡고 아프다며 소리를 질렀다. 큰 소리를 들으면 왜 귀가 아플까?

소리가 크고 작은 것을 '소리의 세기'라고 한다. 우리는 북을 쳐서 소리의 세기에 따라 떨림이 다른지 직접 확인해 보기로 했다.

북을 약하게 치면 작은 소리가 나고 좁쌀이 낮게 튀어 올랐다. 북을 세게 치면 큰 소리가 나고 좁쌀이 높게 튀어 올랐다. 이 실험으로 물체가 크게 떨리면 큰 소리가 나고, 작게 떨리면 작은 소리가 난다는 것을 알 수 있었다. 다시 말해서 크게 떨리는 물체는 주변의 공기를 크게 떨리게 하고, 작게 떨리는 물체는 주변의 공기를 작게 떨리게 한다.

열심히 자료를 찾던 강찬이가 소리의 세기를 진폭을 이용해서 그래프로 나타낼 수 있다고 했다. 진폭은 떨릴 때 중심으로부터 최대로 움직인 거리를 이르는 말이다.

그런데 대체 귀가 아플 정도의 소리는 얼마나 큰 소리일까? 우리는 주변에서 들을 수 있는 소리의 세기를 조사해 보았다.

공연을 보면서 어떻게 가수들의 목소리가 높고 낮은지도 궁금했다. 우리는 악기를 이용해 소리의 높낮이를 알아보았다.

악기는 길이에 따라 소리의 높낮이가 달랐다. 실로폰의 짧은 음판을 치면 빠르게 많이 떨려서 높은 소리가 나고, 긴 음판을 치면 천천히 적게 떨려서 낮은 소리가 난다. 가수의 성대도 굵고 길수록 낮은 소리가 나고, 가늘고 짧을수록 높은 소리가 난다.

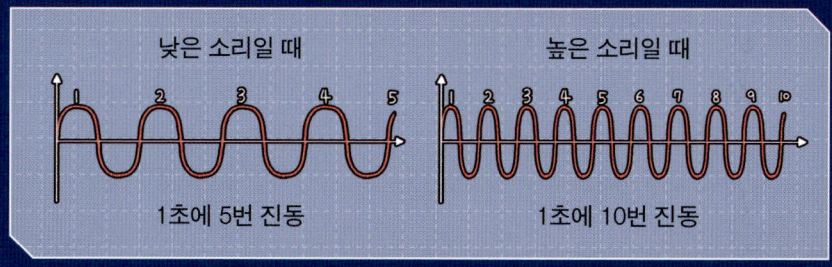

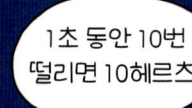

우리는 소리의 세기와 높낮이가 같으면 비슷한 소리가 나지 않을까 생각했다. 그래서 소리를 분석해 주는 앱을 이용해 목소리 모양을 분석해 보았다. 우리는 같은 음을 최대한 비슷한 세기로 소리내 보았다.

사람마다 생김새나 지문이 다른 것처럼 성대의 모양이나 크기가 다르기 때문에 진동하는 모양도 다르다. 따라서 세기와 높낮이가 같아도 목소리는 사람마다 다 다르다.

이렇게 제각각 다른 소리를 '음색'이라고 한다. 전화를 받자마자 누구 목소리인지 알아듣고, 여러 사람이 함께 부르는 노래에서 좋아하는 가수의 목소리를 찾아내고, 악기 소리를 구분할 수 있는 건 바로 음색 때문이다. 음색을 '소리맵시'라고 부르기도 한다.

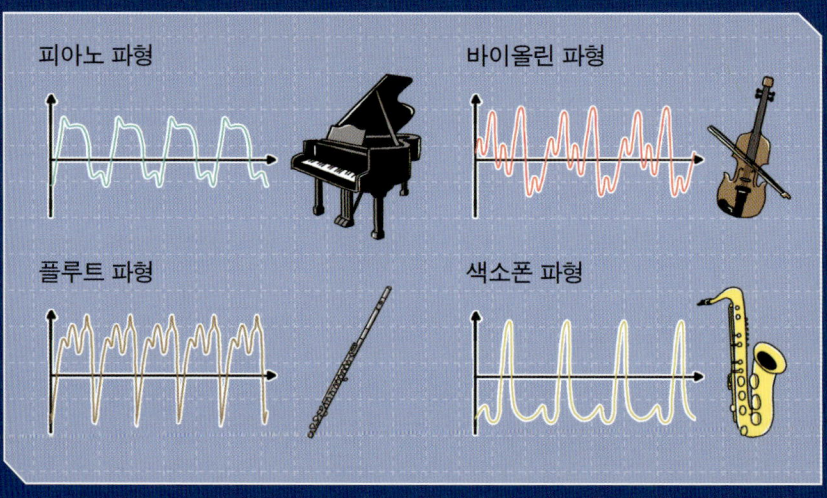

소리의 세기, 높낮이, 음색을 소리의 3요소라고 한다.
 소리의 3요소를 생각하며 K-pop을 들어 보았다. 저마다 음색이 다른 가수들의 목소리가 다양한 세기와 높낮이로 악기 소리와 어우러져 멋진 음악을 완성했다. 그중 내가 좋아하는 가수의 목소리는 유독 귀에 쏙쏙 들어왔다.
아, 걸스팝스의 노래를 직접 들을 수 있었는데……. 정말 아쉽다. K-pop 공연을 꼭 다시 보고야 말 테다.

인간이 들을 수 없는 소리

카카: 깜짝 퀴즈! 인간은 모든 소리를 들을 수 있다, 없다? 😉

은찬: 들을 수 있다!

카카: 땡! 틀렸어. 소리는 떨림, 즉 진동을 통해 전달된다고 했지? 사람이 일반적으로 들을 수 있는 진동수의 범위는 20Hz~20,000Hz야.

은찬: 그럼 진동수가 20Hz보다 낮거나 20,000Hz보다 높으면 들을 수 없어?

카카: 진동수가 20Hz보다 낮은 소리를 '초저주파', 20,000Hz보다 높은 소리를 '초음파'라고 해. 인간이 들을 수 없는 소리야.

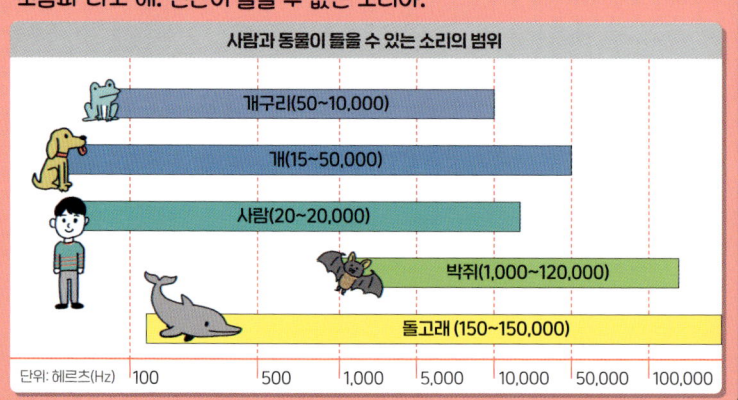

사람과 동물이 들을 수 있는 소리의 범위
- 개구리(50~10,000)
- 개(15~50,000)
- 사람(20~20,000)
- 박쥐(1,000~120,000)
- 돌고래(150~150,000)

단위: 헤르츠(Hz)

강찬: 박쥐와 돌고래는 초음파로 의사소통을 하고 먹이를 사냥한다고 해.

인간이 들을 수 없는 소리

카카
역시 강찬이야. 박쥐는 발사한 초음파가 물체에 부딪쳐 되돌아오는 것을 감지해 먹이를 찾거나 장애물을 피한대.

강찬
사람들도 몸속의 질병을 알아보거나 건축물이 튼튼하게 지어졌는지 검사할 때 초음파를 이용해.

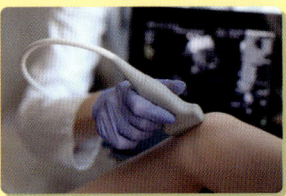
초음파 검사

은찬
엄마도 병원에서 초음파 검사를 받으셨다고 들었어.

카카
초음파 진동을 이용해 세척기나 가습기를 만들기도 한대. 😍

초음파 세척기   초음파 가습기

강찬
정말 다양한 곳에 초음파가 쓰이고 있구나. 😘

4 너무 달콤한 오케스트라 연주회

수업이 끝난 후 캬캬는 소리 실험반에서 태블릿 컴퓨터에 무언가를 열심히 적고 있었어. 그건 바로 지구 소리 보고서!

원래 캬캬는 K-pop 정보를 얻기 위해서 지구에 왔는데 소리 실험반 활동을 하면서 자연스럽게 지구 소리에 대해 기록하게 되었지. 무쓰무쑤 행성 친구들에게 꼭 알려 주고 싶은 이야기가 많았거든. 또 지구에서 친해진 은찬이, 강찬이와 함께하는 학교생활도 잊지 않으려고 하나하나 기록했어.

캬캬가 싱긋 웃고 있을 때 은찬이와 강찬이가 들어왔어. 캬캬는 재빨리 태블릿 컴퓨터를 가방에 넣었어. 그런 캬캬를 눈치 빠른 은찬이가 수상한 눈길로 바라보았어. 그런 은찬이 때문에 당황해하던 캬캬는 은찬이와 강찬이의 옷이 평소와 다르다는 걸 알아차리고 얼른 물어보았지.

"너희들 어디 가니? 옷차림이 멋진데?"

"오늘 악기 박물관에서 열리는 오케스트라 연주회를 보러 가거든. 그래서 신경 써서 입어 봤지."

"오케스트라 연주회? 그게 뭔데?"

은찬이와 강찬이를 따라 오케스트라 연주회장에 간 캬캬는 눈이 휘둥그레졌어. 캬캬는 기대감에 한껏 부풀었지. 다양한 악기들이 한데 어우러져 소리를 내면 어떨지 전혀 상상이 되지 않았어. 반면 은찬이와 강찬이는 기대보다 걱정이 앞섰어.
　"캬캬. 또 배탈 나는 거 아니지?"
　"미리 화장실에 다녀오는 게 좋지 않을까?"
　"오늘은 급식을 2인분밖에 안 먹었어. 괜찮을 테니 걱정하지 마."
　"곧 연주회가 시작됩니다. 모두 자리에 앉아 주시기 바랍니다."

안내 방송이 나오고 연주회장이 어두워지더니 연주회가 시작되었어. 오케스트라 연주는 강렬하게 캬캬를 사로잡았지. 다양한 방법으로 소리를 내는 악기들이 무척 신기했어. 처음 K-pop을 들었을 때와 마찬가지로 감동의 물결이 밀려왔지.

캬캬는 이 아름다운 소리를 무쓰무쑤 행성의 가족과 친구들에게 그대로 전해 주고 싶었어.

'역시 지구에 오길 잘했어. 오지 않았으면 이 아름다운 소리를 듣지 못했을 거야.'

캬캬는 작은 소리 하나라도 놓칠까 봐 집중하며 연주를 감상했어. 다행히 은찬이와 강찬이가 걱정한 것처럼 배탈이 나진 않았어.

그런데 아름다운 음악 소리가 자장가처럼 마음을 편안하게 한 것일까? 캬캬의 눈이 자꾸만 감기지 뭐야. 캬캬는 눈을 뜨려고 노력했지만 눈꺼풀이 천근만근 무겁게 느껴졌지.

어느새 캬캬는 무쓰무쑤 행성어로 잠꼬대를 중얼거리며 달콤한 잠에 빠져들었어.

외계인 캬캬의
지구 소리 보고서 4 악기 소리

연주회가 끝난 후 다양한 악기를 구경하며 각각의 악기 소리를 들어 보았다. 세상에! 지구에 이렇게 많은 악기가 있을 줄이야. 모양도 소리도 다른 악기들이 내는 소리는 제각각 매력적이었다. 찾아보니 지구의 악기는 소리를 내는 방법에 따라 관악기, 현악기, 타악기로 나뉜다.

첫째, 관악기! 입으로 불어서 관 안의 공기를 진동시켜 소리를 내는 악기다.

색소폰 소리

관악기는 나무나 금속으로 만들어진 관에 입으로 바람을 불어서 공기를 진동시켜 소리를 낸다.

바람을 불어 넣어 떨리게 만드는구나.

입술에 댄 부분이 나무인지 금속인지에 따라 목관 악기와 금관 악기로 나눠.

바람을 불면 떨리는 얇은 진동판인 목관 악기의 리드

연주자의 입술을 대고 바람을 부는 금관 악기의 마우스피스

우리는 피콜로, 플루트, 바순을 불어 보며 소리의 높낮이를 비교해 보았다.

피콜로 소리

플루트 소리

바순 소리

세 악기 중 제일 작고 길이가 짧은 피콜로는 가장 높은 소리가 나.

플루트는 피콜로보다 낮은 소리가 나.

세 악기 중 제일 크고 길이가 긴 바순은 가장 낮은 소리가 나.

 관악기의 길이가 짧을수록 높은 소리가, 길수록 낮은 소리가 난다는 것을 알게 되었다.

이번에는 리코더의 구멍을 하나씩 열면서 소리의 높낮이를 비교해 보았다.

> **실험** ⌄ 리코더의 구멍을 열고 막으면 어떤 소리가 날까? ⌄
>
> 구멍을 다 막았을 때 　　　　　구멍을 다 열었을 때
>
> 삐이↘　　삐이↗
>
> 구멍을 다 막으면 가장 낮은 소리가 나.
>
> 구멍을 다 열면 가장 높은 소리가 나.

 리코더 구멍을 막으면 공기가 빠져나가지 못해 관의 길이가 길어진 효과를 내기 때문에 낮은 소리가 난다.
반대로 리코더 구멍을 열면 구멍으로 공기가 빠져나가 관의 길이가 짧아진 효과를 내기 때문에 높은 소리가 난다.

둘째, 현악기! 현악기는 줄(현)을 진동시켜 소리를 내는 악기다. 줄을 문질러 켜거나 손가락으로 튕겨 소리를 낸다.

기타 소리

우리는 현악기를 보면서 흥미로운 점을 발견했다. 바이올린, 첼로, 기타, 거문고 등 대부분의 현악기는 나무로 된 울림통이 있다. 이 울림통이 어떤 역할을 하는지 궁금해졌다.

현악기는 악기의 크기에 따라 소리의 높낮이가 달라진다. 우리는 바이올린, 첼로, 더블 베이스를 켜 보며 소리의 높낮이를 비교해 보았다.

세 악기 중 제일 작은 바이올린에서 가장 높은 소리가 나.

첼로는 바이올린보다 낮은 소리, 더블 베이스보다 높은 소리가 나.

세 악기 중 제일 큰 더블 베이스에서 가장 낮은 소리가 나.

바이올린 소리

첼로 소리

더블 베이스 소리

현악기는 줄을 누르는 위치와 줄의 굵기에 따라서도 소리의 높낮이가 달라진다.

울림통 가까이 줄을 누를수록, 줄이 얇을수록 높은 소리가 나.

울림통 멀리 줄을 누를수록, 줄이 굵을수록 낮은 소리가 나.

셋째, 타악기! 타악기는 두드려서 소리를 내는 악기다. 쇠나 나무로 만든 둥근 통에 동물의 가죽을 팽팽하게 댄 부분을 채로 치거나, 음판을 채로 두드려서 소리를 낸다.

드럼 소리

마림바 소리

타악기

장구

드럼

트라이앵글

마림바

팀파니

캬캬 배도 떨리나 봐.

내 배도 타악기처럼 소리가 나네.

퉁! 퉁!

이렇게 지구의 악기는 제각각 소리를 내는 방법이 다르지만, 공기를 진동시켜 소리를 내는 원리는 같았다. 지구를 떠나기 전에 다양하고 아름다운 악기 소리를 더 많이 들어야겠다.

생각하는 대로 연주하는 악기

캬캬: 내 피아노 연주를 한번 들어 볼래?

은찬: 괜찮아. 들은 걸로 할게.

강찬: 나도 사양할게. 내 귀는 소중하거든.

캬캬: 쳇, 나도 악기 연주 잘하고 싶은데······

강찬: 걱정 마. 캬캬에게 딱 맞는 악기가 있지! 생각하는 대로 연주하는 악기!

캬캬: 정말?

강찬: 2017년에 스웨덴 신경 과학 연구소와 미국 워싱턴 대학교 연구팀이 생각하는 대로 연주하는 '엔세팔로폰'이라는 악기를 만들었대. 이 사진은 엔세팔로폰으로 밴드 멤버들이 함께 연주하는 모습이야.

생각하는 대로 연주하는 악기

 **캬캬**
어떻게 생각하는 대로 연주하는 게 가능해?

강찬
움직임을 떠올리거나 눈을 감을 때 발생하는 뇌의 신호를 측정해 음표로 기록하고 신시사이저로 연주하는 거래.

은찬
세상에서 가장 쉬운 연주인걸?

강찬
악기가 없어도 드럼 스틱과 컴퓨터만 있으면 연주가 가능한 가상 전자 드럼도 있어. 드럼 스틱을 허공에 대고 치면 컴퓨터에 연결된 카메라가 움직임을 감지해 소리를 내.

 **캬캬**
역시 지구에는 신기한 것들이 많구나!

은찬
외계인처럼 말하네?

 캬캬
앗! 인터넷 연결이 잘 안되네. 그럼 이만!

5
경복궁에 간 캬캬

오늘은 현장 학습을 가는 날! 무쓰무쑤 행성에서 현장 학습을 가 본 적 없는 캬캬는 며칠 전부터 들떠 있었어.

두근거리는 마음으로 도착한 곳은 바로 경복궁!

아이들은 조선 시대 복장을 빌려 입고 옛 문화를 체험해 보기로 했어. 캬캬는 왕이 입는 곤룡포로, 은찬이와 강찬이는 무관과 문관이 입는 관복으로 각각 갈아입었어. 순식간에 수백 년 전 조선 시대로 돌아간 것 같았지. 주목을 받는 건 단연 왕의 복장을 한 캬캬였어. 다들 곤룡포를 입은 캬캬를 보고 킬킬거렸지만 캬캬는 자신의 모습이 아주 마음에 들었어.

경복궁에 들어선 캬캬는 처음 보는 궁궐의 모습에 입을 다물지 못했어.

선생님이 확성기에 대고 아이들에게 말씀하셨어. 평상시보다 선생님 목소리가 훨씬 크게 들렸지.

"아, 아. 잘 들리나요? 이제 우리는 경복궁을 둘러볼 거예요. 경복궁이 어떤 곳인지 설명해 줄 친구 있나요?"

은찬이가 자신 있게 손을 들고 대답했어.

선생님은 아는 만큼 보이는 거라며 경복궁에 대해 잘 설명한 은찬이를 칭찬하셨어. 경복궁 근정문을 지나자 가장 먼저 근정전이 보였어. 근정전은 임금의 즉위식 같은 국가 의식을 거행하거나 외국에서 온 사신을 맞이하던 곳이야.

선생님의 설명을 듣던 캬캬는 문득 궁금증이 생겼어.

"조선 시대에는 마이크나 스피커도 없었을 텐데 어떻게 여기서 의식을 거행했을까?"

"그러게. 궁궐이 넓어서 왕의 말이 잘 들리지 않았을 것 같아."

강찬이의 말이 끝나기도 전에 캬캬가 근정전 계단 위로 올라갔어. 그리고 큰 소리로 아이들에게 말했어.

"궁금한 건 못 참지. 소리가 어디까지 전달되는지 확인해 보자!"

놀랍게도 캬캬의 목소리가 근정전 앞뜰 구석구석까지 잘 전달되었어. 그 이유를 선생님이 설명해 주셨어.

"여기에는 과학적 원리가 숨어 있단다. 근정전 앞에서 말을 하면 소리가 근정전 처마나 근정전을 둘러싼 회랑과 행각에 부딪친 뒤 앞뜰로 모이게 된단다. 소리가 나아가다가 물체에 부딪쳐 반사된 거야."

경복궁 구석구석을 구경한 캬캬와 친구들은 함께 투호 놀이를 했어. 병 속에 화살을 던져 넣는 놀이였지. 화살이 계속 들어가지 않자 약이 오른 캬캬는 어쩔 줄을 몰라 했어. 아이들은 그런 캬캬를 보면서 박장대소했어.

투호 놀이가 끝나자 선생님이 다시 확성기를 대고 외치셨어.

"자, 다들 근정문 앞으로 모이세요!"

캬캬가 사랑한 K-문화

K-pop 뿐만 아니라 드라마, 음식, 미용 등 한국 문화가 인기를 끌고 있네.

1990년대부터 일본과 중국 등 아시아에서 한국 드라마가 큰 인기를 끌었다. 2012년 싸이의 '강남스타일'이 미국 빌보드 차트 2위에, 2020년 방탄소년단의 '다이너마이트'가 미국 빌보드 차트 1위에 오르는 등 전 세계적으로 K-pop의 인기가 많아지면서 음식, 미용, 한복 등 한국 생활 방식과 문화에 세계 사람들의 관심이 높아졌다.

꼬르륵

외계인 캬캬의
지구 소리 보고서 5 소리의 반사

소리의 반사 원리를 이용해 확성기나 마이크 없이 소리를 골고루 전달하다니!
우리는 소리의 반사에 대해 더 알아보기로 했다.
먼저 일상생활에서 확인할 수 있는 소리의 반사 현상을 찾아보았다.

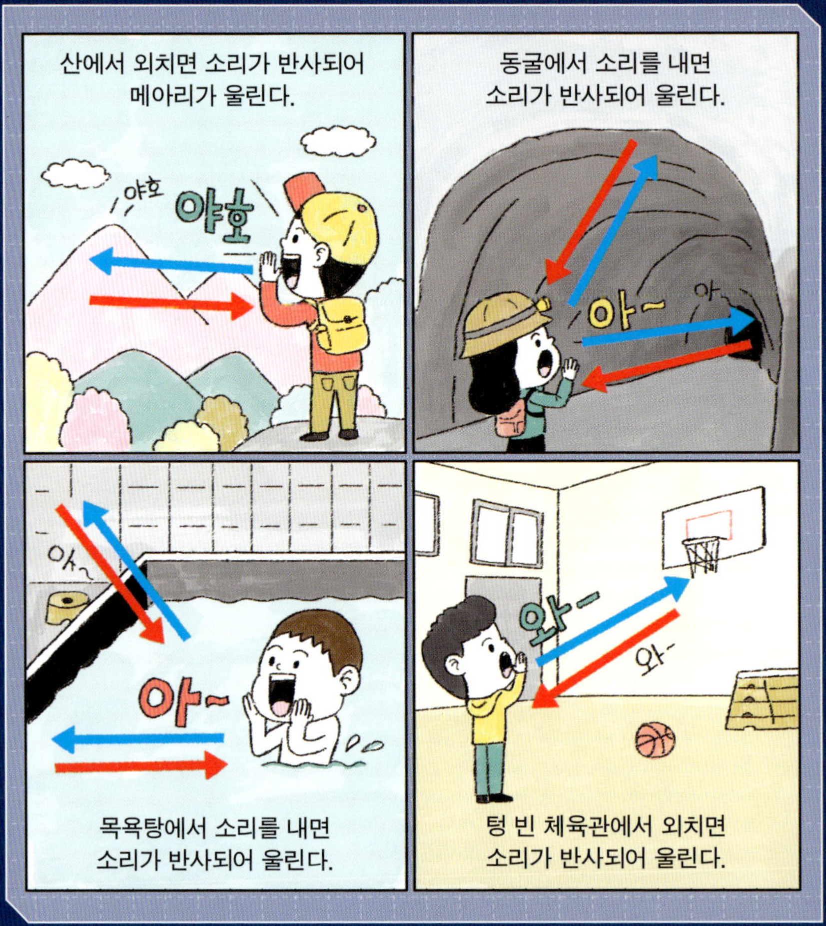

메아리 소리

| 산에서 외치면 소리가 반사되어 메아리가 울린다. | 동굴에서 소리를 내면 소리가 반사되어 울린다. |
| 목욕탕에서 소리를 내면 소리가 반사되어 울린다. | 텅 빈 체육관에서 외치면 소리가 반사되어 울린다. |

 스타이로폼 판처럼 푹신한 물체보다 나무판처럼 딱딱한 물체에서 소리는 더 잘 반사된다.

그럼 선생님이 사용한 확성기도 소리의 반사를 이용한 걸까?

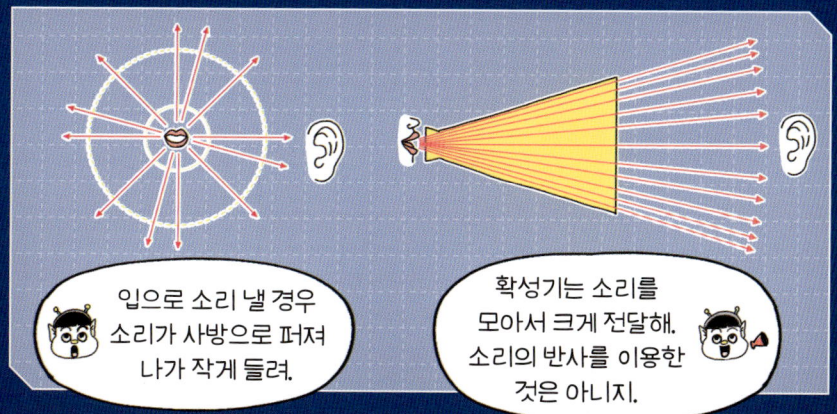

두 손으로 고깔 모양을 만들어 소리를 전달하면 더 크게 전달할 수 있고, 종이로 만든 고깔 모양 깔때기에 귀를 대고 소리를 들으면 작은 소리도 더 크게 들을 수 있다.

내친김에 우리는 간이 청진기를 만들어 소리를 들어 보았다.

 간이 청진기의 고깔 모양 깔때기가 퍼져 나가는 소리를 모아 줘서 고무관을 타고 크게 전달된다.

멀리까지 소리를 전달하려면 어떻게 할까?

방법은 전화기! 지구인들은 전화기로 멀리 떨어져 있는 사람하고 이야기를 나눈다. 그래서 실 전화기를 만들어 보기로 했다.

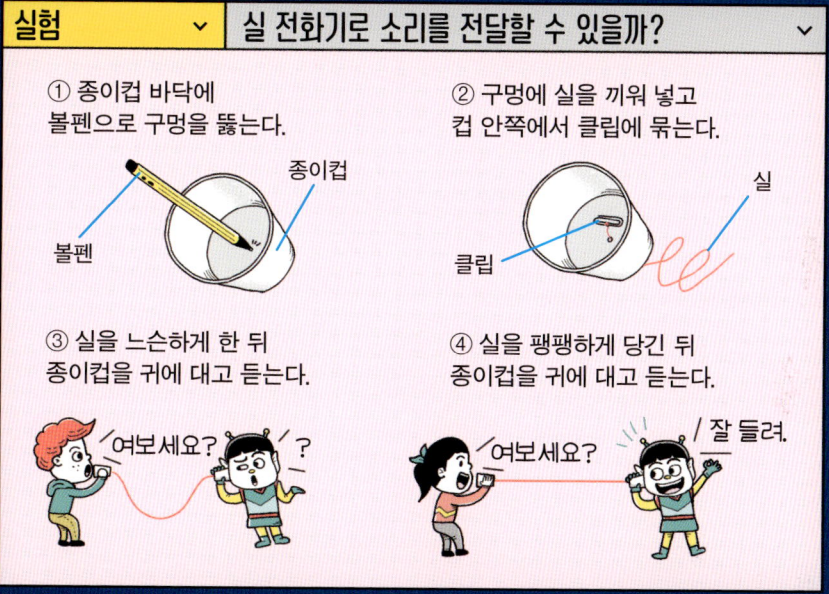

실 전화기로 멀리 있는 사람에게 소리를 전달할 수 있다. 이때 소리는 실의 떨림으로 전달되는데 실이 느슨해지면 떨림이 잘 전달되지 않아 소리를 제대로 전달할 수 없다.

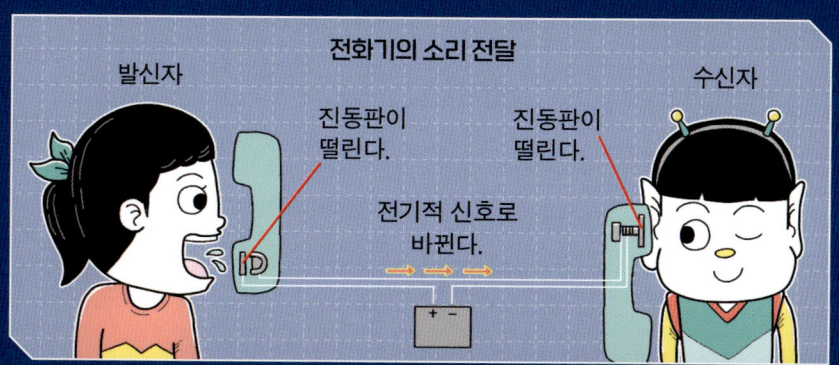

소리의 공명 현상

은찬
고유 진동수? 🤔

강찬
물체마다 갖고 있는 떨림 주기를 '고유 진동수'라고 해. 1+1=2가 되는 것처럼 같은 진동수 두 개가 만나면 더 큰 진동이 만들어져. 이걸 '공명'이라고 해. 이 현상이 계속되면 유리잔이 깨지는 거야.

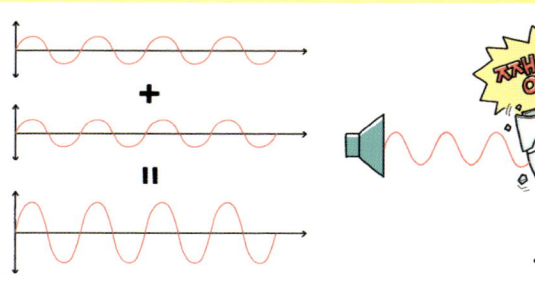

강찬
악기의 울림통도 공명 현상을 이용한 거야. 바이올린 줄이 진동하는 소리는 작지만, 바이올린 줄의 진동수와 울림통의 진동수가 같아서 공명되기 때문에 더 큰 소리를 낼 수 있지.

캬캬
아무리 소리 질러도 유리잔이 깨지지 않았던 건 내 목소리와 유리잔의 고유 진동수가 달라서 그런 거구나.

강찬
🙂 그렇지.

6 층간 소음은 그만!

캬캬가 지구에 온 지도 어느덧 한 달이 지났어. 캬캬는 학교생활과 소리 실험반 활동에 푹 빠져 지내느라 시간이 이렇게 빨리 흐른지 몰랐어. 무쓰무쑤 행성으로 돌아갈 날이 얼마 남지 않았지. 캬캬는 지구를 떠날 생각을 하니 마음이 무거웠어. 언제 왔는지 은찬이와 강찬이가 다가와 물었어.

"무슨 일 있어?"

캬캬는 대충 얼버무렸어.

"아, 아무것도 아니야."

그때 강찬이가 뜻밖의 제안을 했어.

"오늘 우리 집에 놀러 가지 않을래?"

"너네 집? 왜?"

"그냥. 친한 친구니까 집에서 놀자는 거지."

"맞아. 숙제도 같이하고."

캬캬는 '친한 친구'라는 말을 듣자 기분이 묘해지면서 국어 시간에 배운 '뭉클하다.'라는 단어가 생각났어. 캬캬는 지구인이 사는 집에 처음 가 보는 거라 무척 기대되었어.

집에 가자 쌍둥이 남매를 꼭 닮은 은찬이와 강찬이 엄마가 환하게 웃으며 캬캬를 반겨 주셨지.

"어머, 네가 캬캬구나? 반갑다!"

"안녕하세요."

방을 구경하며 놀고 있는데 다시 은찬이와 강찬이 엄마의 반가운 목소리가 들렸어.

"얘들아, 나와서 간식 먹으렴."

캬캬는 눈이 휘둥그레졌어. 맛있는 치킨, 떡볶이, 피자, 만두가 잔뜩 차려져 있었거든. 캬캬는 행복한 고민에 빠졌지.

"얘들아, 정말 감동 받았어. 집에 초대해 줘서 고마워. 오늘을 절대 잊지 못할 거야."

그러자 은찬이가 고개를 저었어.

"이 정도로 감동하면 곤란하지! 진짜 감동할 건 따로 있다고."

그러면서 뭔가를 내밀었어. 그것은 바로 K-pop 콘서트 초대권이었어.

캬캬는 너무 놀라고 기뻐서 소리를 지르며 펄쩍펄쩍 뛰었어.

은찬이와 강찬이가 황급히 말렸지만 이미 늦었지. 아니나 다를까 곧장 인터폰이 울렸어. 아랫집에서 항의하는 전화였지.

캬캬는 너무 미안했어. 은찬이가 한숨을 쉬면서 말했어.

"우리도 이미 여러 번 겪은 일이야. 층간 소음 때문에 늘 조심해야 해."

캬캬는 단단한 벽과 바닥으로 지어진 집인데 소리가 전달된다는 게 이상했어.

'소리가 벽과 바닥을 뚫고 전달되나?'

캬캬가 이런 생각을 하고 있을 때 강찬이가 말했어.

"우리 놀이터에 가서 놀까?"

"좋아!"

은찬, 강찬, 캬캬는 놀이터로 나가 그네도 타고 잡기 놀이도 하며 신나게 놀았어. K-pop 콘서트에 가기 위해 미리 노래를 부르며 춤도 춰 봤지. 뭔가 어색한 춤 동작에 서로 배꼽을 잡고 웃었어.

"외계인 춤 같아. 하하하!"

그 말을 듣고 캬캬는 뜨끔했지만 모르는 체 하며 웃어넘겼지.

캬캬는 은찬이, 강찬이와 함께하는 시간이 K-pop 콘서트보다 더 소중하게 느껴졌어. 매 순간이 즐겁고 기뻤지만 어쩐지 마음 한구석이 아려 왔어. 처음 느끼는 감정이었지.

카카가 사랑한 K-pop 댄스

지구를 떠나기 전에 K-pop 댄스를 완벽하게 배워야지.

K-pop 댄스는 여러 사람이 무리를 지어 추는 군무와 따라 하기 쉬운 포인트 안무가 특징이다. 군무는 마치 한 사람이 추는 것처럼 여러 사람이 동작을 정확하게 맞추어 추는 춤이다. 포인트 안무는 대중에게 노래를 알리기 위해 가사 내용을 쉬운 춤으로 표현한 안무이다. 많은 사람들이 K-pop 댄스를 따라 추며 K-pop 인기도 덩달아 올랐다.

외계인 캬캬의
지구 소리 보고서 6 소리의 전달

정말 꿈만 같은 날이었다. 은찬이와 강찬이네 집에 놀러 가서 맛있는 간식도 먹고 K-pop 콘서트 초대권도 선물 받았다.

그리고 층간 소음에 대해서도 알게 되었다. 인터넷을 찾아보니 아파트 같은 공동 주택에 사는 사람들은 층간 소음으로 여러 피해를 겪는다고 한다. 소리는 공기를 통해 전달된다고 알고 있었기 때문에 층간 소음이 잘 이해되지 않았다.

소리가 기체뿐 아니라 고체나 액체에서도 전달되는지 궁금해졌다. 그래서 고체, 액체, 기체를 통해서 소리가 전달되는지 실험해 보았다.

일상생활에서 고체, 액체, 기체를 통해 소리가 전달되는 상황을 찾아보았다.

그러면 소리는 언제나 같은 속도로 전달될까? 고체, 액체, 기체 중 가장 빨리 소리를 전달하는 건 무엇일까?

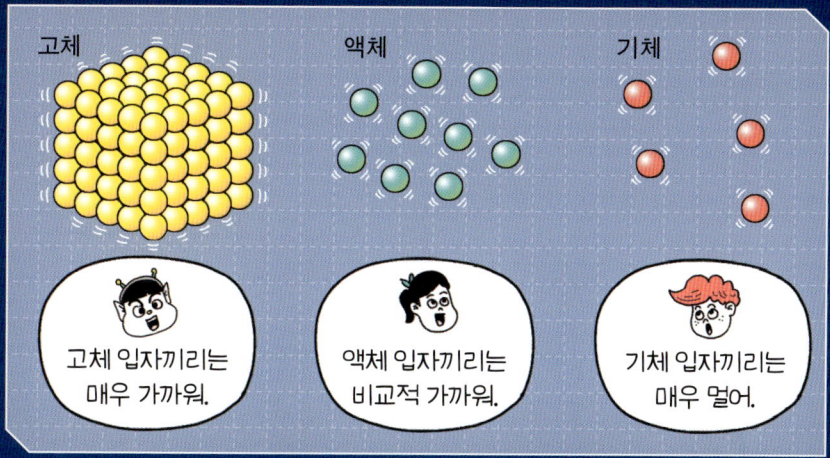

고체, 액체, 기체는 모두 입자로 이루어져 있다. 고체는 입자들 사이의 거리가 매우 가까워서 진동이 빠르게 전달된다. 기체는 입자들 사이의 거리가 매우 멀어서 고체나 액체보다 진동이 느리게 전달된다.
이렇게 소리가 전달되는 속도를 '음속'이라고 한다.

고체, 액체, 기체가 없는 진공 상태일 때도 소리가 전달될까?

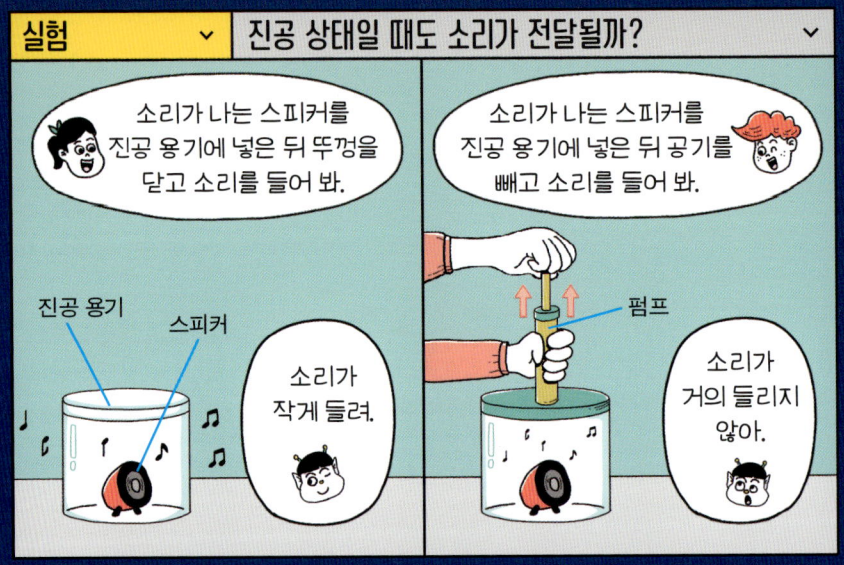

 소리를 전달할 물질이 없는 진공 상태가 되면 소리가 전달되지 않는다.

건물의 벽과 벽 사이를 진공 상태로 만들면 층간 소음이 없어지지 않을까? 그건 불가능하다. 그래서 우리는 소음을 줄이는 방법을 찾아보았다.

층간 소음을 줄이는 방법
- 문 살살 닫기
- 소리 줄이기
- 사뿐사뿐 걷기

도시 소음을 줄이는 방법
- 소음을 감소시키는 재료로 저소음 도로 만들기
- 소음을 감소시키는 방음벽 설치하기

우주의 소리

캬캬
진짜 블랙홀에서 나는 소리는 아니고, 블랙홀 주변에서 수집한 매우 낮은 소리를 사람이 들을 수 있도록 만든 거래.

블랙홀 소리

강찬
이게 블랙홀에서 나는 소리라고? 으르렁으르렁 기괴해.

은찬
바람 소리 같기도 하고 괴물 소리 같기도 해.

캬캬
보통 우주에는 공기가 없어서 소리가 전달되지 않을 거라 생각하지만 은하단에는 엄청난 양의 가스가 있어서 소리를 전달할 수 있대.

은찬
우주에 대해 잘 아는 캬캬는 혹시?

캬캬
😅

다시 무쓰무쓰 행성으로

드디어 기다리고 기다리던 K-pop 콘서트가 열리는 날!

관중석을 꽉 채운 수많은 팬들 사이에 앉은 캬캬는 감격스러운 마음을 감출 수 없었어. 오직 K-pop을 듣고 싶다는 마음 하나로 수천 광년이나 떨어진 행성에서 날아와 콘서트를 보고 있으니 말이야. 이 공연장에 무쓰무쓰 행성에서 온 외계인이 있다는 사실을 누가 상상이나 할 수 있겠어?

지구에 와서 수많은 K-pop을 듣고 뮤직비디오를 봤지만 현장에서 보는 콘서트는 차원이 달라도 한참 달랐어. 가수와 관객이 함께 호흡하고 노래 부르고 춤추며 하나가 되었지. 그야말로 열광의 도가니였어. 함성을 지르고 목청껏 노래를 따라 부르니 K-pop의 매력을 백 퍼센트, 아니 천 퍼센트 느낄 수 있었어.
　무엇보다 이 멋진 콘서트를 지구에서 만난 소중한 친구 은찬이, 강찬이와 함께한다는 사실이 캬캬는 너무나 행복했지.

콘서트가 끝나고 자리에서 일어난 강찬이가 팍 쉬어 버린 목소리로 말했어.

"소리를 너무 열심히 질렀나 봐. 목이 아파."

은찬이는 귓구멍을 후비며 말했어.

"너랑 캬캬랑 양쪽에서 하도 소리를 질러서 고막이 터지는 줄 알았어. 근데 캬캬는 어디 간 거야?"

"화장실에 갔나? 설마 또 배탈이 난 건 아니겠지?"

은찬이와 강찬이는 캬캬를 찾아 헤맸지만 공연장 어디에도 캬캬는 보이지 않았어.

그때였어. 은찬이와 강찬이 휴대폰으로 영상 메시지가 도착했어.

"어? 캬캬가 보냈어!"

은찬이와 강찬이는 고개를 갸웃하며 메시지를 확인했어.

• 교과 연계

2022년 개정 교과_초등 과학 3-2 3. 소리의 성질

• 사진 출처

Shutterstock 42쪽 토끼 | 43쪽 아프리카코끼리, 여치 | 61쪽 초음파 검사, 초음파 세척기, 초음파 가습기 | 70쪽 색소폰, 클라리넷, 트럼펫, 호른 | 71쪽 목관 악기의 리드, 금관 악기의 마우스피스 | 73쪽 거문고, 기타, 바이올린, 첼로, 하프, 해금 | 75쪽 드럼, 마림바, 장구, 팀파니, 트라이앵글 | 77쪽 드럼 치는 동작을 하는 사람
한국학중앙연구원 70쪽 소금
Wikipedia 29쪽 클라드니 도형 | 76쪽 엔세팔로폰
NASA(미국 항공 우주국) 107쪽 블랙홀

재미난다 과학 02 소리의 성질
외계인 캬캬의 지구 소리 보고서

글 예영 | 그림 남동완

찍은날 2024년 6월 15일 초판 1쇄 | **펴낸날** 2024년 6월 30일 초판 1쇄
펴낸이 신광수 | **CS본부장** 강윤구 | **출판개발실장** 위귀영 | **디자인실장** 손현지
아동인문파트 김희선, 설예지 | **출판디자인팀** 최진아, 강륜아 | **저작권 업무** 김마이, 이아람
출판사업팀 이용복, 민현기, 우광일, 김선영, 신지애, 허성배, 이강원, 정유, 정슬기, 정재욱, 박세화, 김종민, 전지현, 정영묵
CS지원팀 강승훈, 봉대중, 이주연, 이형배, 이우성, 전효정, 장현우, 정보길
펴낸곳 (주)미래엔 | **등록** 1950년 11월 1일 제16-67호 | **주소** 서울특별시 서초구 신반포로 321
전화 미래엔 고객센터 1800-8890 팩스 541-8249 | **홈페이지 주소** www.mirae-n.com

ISBN 979-11-6841-844-8 74400
ISBN 979-11-6841-812-7 (세트)

책값은 뒤표지에 있습니다. 파본은 구입처에서 교환해 드리며, 관련 법령에 따라 환불해 드립니다.
다만 제품 훼손 시 환불이 불가능합니다.

KC 마크는 이 제품이 공통안전기준에 적합하였음을 의미합니다.
사용 연령: 8세 이상